BEI GRIN MACHT SICH IHR WISSEN BEZAHLT

- Wir veröffentlichen Ihre Hausarbeit, Bachelor- und Masterarbeit

- Ihr eigenes eBook und Buch - weltweit in allen wichtigen Shops

- Verdienen Sie an jedem Verkauf

Jetzt bei www.GRIN.com hochladen
und kostenlos publizieren

Tobias Döring

Die Funktionen von Volkseigenen Betrieben in der Gesellschaft der DDR

GRIN Verlag

Bibliografische Information der Deutschen Nationalbibliothek:

Die Deutsche Bibliothek verzeichnet diese Publikation in der Deutschen National-
bibliografie; detaillierte bibliografische Daten sind im Internet über http://dnb.d-
nb.de/ abrufbar.

Impressum:

Copyright © 2011 GRIN Verlag GmbH
Druck und Bindung: Books on Demand GmbH, Norderstedt Germany
ISBN: 978-3-656-03896-2

Dieses Buch bei GRIN:

http://www.grin.com/de/e-book/181041/die-funktionen-von-volkseigenen-betrieben-
in-der-gesellschaft-der-ddr

Technische Universität Dresden
Philosophische Fakultät
Institut für Politikwissenschaft
Sommersemester 2011

Seminar: Das war die DDR

Schriftliche Zusammenfassung eines Referates zum Thema:

**Die Funktionen von Volkseigenen Betrieben in der Gesellschaft der
DDR**

Verfasser/Referent: Tobias Döring
Studiengang: 6. FS. Politikwissenschaft/Humanities
Datum der Abgabe: 30.06.2011

Der Bearbeitung des selbstgewählten Themas – die gesellschaftlichen Funktionen von Volkseigenen Betrieben – wurde eine Arbeitsthese zugrunde gelegt, die wie folgt lautet: Die den Volkseigenen Betrieben zugemutete *Multifunktionalität*, verleiht ihnen gesellschaftliche *Autorität*. Für den Untersuchungsprozess bedeutet diese These, dass einerseits eine Begrenzung des Untersuchungsgegenstandes vorgenommen wird. Der Fokus liegt ausschließlich auf Volkseigenen Betrieben, die zumeist in Kombinaten zusammengefasst wurden und besonders in den letzten zwei Jahrzehnten der DDR die dominierende Betriebsform waren. So waren 1989 rund 97 Prozent der industriell Beschäftigten in Kombinaten beziehungsweise VEB's tätig. Weiterhin wird mit der Frage nach deren Funktionen auch ein Blick auf dessen *funktionieren* nötig sein. Volkseigene Betriebe sind als kleinste Elemente in das System der zentralen Planwirtschaft eingebunden und „verdanken" ihre Mehrfachfunktionen, den durch die SED-Führung auferlegten Aufgaben und Ansprüchen. In der Konsequenz ist zu erwarten, dass sich *Leitungsstrukturen* und *Akteure* in VEB's erheblich von Unternehmen unterscheiden, die nach marktwirtschaftlichen Prinzipien geleitet werden. Mit dem Begriff der Autorität werden auch Fragen nach gesellschaftlicher Reputation, Legitimität und bestehenden Machtstrukturen gestellt werden. Aus diesen Punkten ergibt sich folgende inhaltliche Gliederung: 1. Zum Begriff der Autorität; 2. Zentrale betriebliche und überbetriebliche Akteure und ihre Funktionen; 3. Funktionen von Betrieben. Zum Schluss wird unter 4. ein Fazit gezogen und versucht die Eingangs gestellte Arbeitshypothese zu beantworten.

1. Zum Begriff der Autorität

Um mich hier dem Begriff der Autorität zu nähern, werde ich als erstes auf Hannah Arendt zurück greifen, die den Begriff in einen *präpolitischen* und einen *politischen Begriff der Autorität* zergliedert.

Mit dem *präpolitischen* also privaten Bereich meint Arendt vor allem die Autorität in der Erziehung. Autorität bedeutet demnach „die Übernahme von Verantwortung für den Lauf der Welt" (Schulze Wessel 2006: 58). Erziehung ist eine „weltbildende" Tätigkeit, das heißt, der Erzieher hat die Aufgabe seinen Schülern den Weg in die Welt, in seine Welt zu zeigen. Somit tritt der Lehrer als Vertreter dieser Welt auf und hat die Schüler mit dieser Welt vertraut zu machen. Dies setzt voraus, dass der Lehrer „Verantwortung für die von Menschen gemachte und von voneinander verschiedenen Menschen gemeinsam geteilte Welt" (Schulze Wessel 2006: 59) übernimmt. Wird ein Erzieher von seinen Schülern allerdings nicht als Repräsentant dieser gemeinsamen Welt *anerkannt*, oder vertritt er eine andere Welt, die mit dem Erlebten des Schülers nichts zu tun hat, fehlt ihm die Autorität, um zu erziehen.

Der *politische Begriff* der Autorität betont verstärkt ein *reziprokes Anerkennungsverhältnis*: „Die Autorität von Personen oder Institutionen gründet [...] in gegenseitiger Anerkennung, dem Respekt und Vertrauen beider Seiten" (Schulze Wessel 2006: 62). Dies schließt die Anerkennung einer *hierarchischen Stufung* mit ein, wodurch eine Autorität erst begründet wird. Die „Akzeptanz der gegliederten Ordnung" muss von beiden Seiten ausgehen, also vom Autoritätsgläubigen und von der Autorität. Auch muss Autorität auf Gewalt und Zwang verzichten, weil dann das Moment der gegenseitigen Achtung zerstört wird. Hierin stimmt auch Max Weber überein, wenn er sagt: „Wenn die Autorität von außen beherrschen will, hört sie auf, Autorität zu sein, und wird Gewalttat und Zwang..." (Schmidt 2006: 51). Genauso wenig kann Autorität auf bloßer argumentativer Überzeugung bauen, denn wenn die Überzeugungskraft der Argumente verschwindet, verschwindet auch die Autorität einer Person oder Institution. Die Macht einer Autorität beruht auf ihrer Legitimität beziehungsweise darauf, dass die Autoritätsgläubigen ihr diese Legitimität zusprechen. Verschwindet die Anerkennung und Achtung der Autorität, verliert diese ihre gewalt- und zwanglose Macht.

Mit Rainer Paris möchte ich eine weitere Begriffsdefinition anbringen, die das bereits gesagt bekräftigt und erweitert.

„Autorität ist jemand dann, wenn er geachtet und anerkannt ist, wenn andere ihm aus freien Stücken eine persönliche Überlegenheit attestieren, an die sie selbst nicht heranreichen. Sie repräsentieren allgemein anerkannte Werte, denen die Autoritätsgläuben auch selbst zustreben und die sie in ihnen verkörpert sehen." (Paris 2003: 57)

Auch bei Paris wird der *freiwilligen Anerkennung* als Autorität ein hoher Wert eingeräumt. In Ergänzung zu Arendt sagt Paris, dass die Autorität im Normalfall auf Gewaltmittel und Sanktionierung verzichten kann. Wenn aber die von der Autorität repräsentierte Wertordnung in Gefahr ist, kann auch die Autorität härter durchgreifen. Diese Zwangsmittel werden in so einem Fall aber nicht auf die Autoritätsgläubigen angewendet, sondern auf jene, welche diese Autoritätsbeziehung von außen attackieren. Im weiteren beschreibt Paris den Begriff in seiner dichotomen Verortung zwischen Autorität und Autoritätsgläubigen, zwischen Distanz und Verbundenheit, zwischen

Ungleichheit und Gleichheit. So muss sich eine Autorität durch eine „persönliche Überlegenheit" auszeichnen, die eine egalitäre Masse veranlasst, sie als ihrer Autorität zu betrachten. Auch die bei Arendt vorgefundene Repräsentativfunktion findet sich bei Paris wieder. Hier bildet sie das Motiv der Autoritätsgläubigen, sich der Autorität unterzuordnen und ihre Entscheidungen fraglos anzuerkennen. Denn in der Autorität sehen die Autoritätsgläubigen ihre Werte vertreten.

Leicht kann man sich aber auch vorstellen, dass einer der Beiden – entweder die Autorität oder die Autoritätsgläubigen – diese Beziehung *verlassen*, das heißt, sie verwehren sich der Akzeptanz dieser Autoritätsbeziehung. Somit verliert auch die Autorität ihre autoritative Macht und hört auf Autorität zu sein. Hannah Arendt macht hier zwei Szenarien auf:

> „So kann ein Vater seine Autorität entweder dadurch verlieren, daß er das Kind durch Schläge zwingt, oder dadurch, daß er versucht, es durch Argumente zu überzeugen. In beiden Fällen handelt er nicht mehr autoritär, in dem einen Fall tyrannisch, in dem anderen demokratisch." (Schulze Wessel 2006: 62)

Das Motiv für die Autorität die Autoritätsgläubigen entweder durch Gewalt oder durch Überzeugung weiterhin an sich zu binden, könnte der Machterhalt sein, was die weitere Einflussnahme auf die Untergebenen sichern soll. Auch ist es denkbar, dass die Autoritätsgläubigen gar nicht bemerken, dass ihre Autorität nicht mehr nach den *allgemein anerkannten* und von den Autoritätsgläubigen *geteilten Werten* handelt. Wenn es der Autorität gelingt, ihr anders motiviertes Handeln unter einem Schleier der gemeinsam geteilten Werte zu verbergen, missbraucht die Autorität ihre Macht, erhält aber die Autoritätsbeziehung aufrecht.

2. Zentrale betriebliche und außerbetriebliche Akteure

Die wichtigsten *außerbetrieblichen Akteure* sind das *SED-Politbüro*. Hier ist besonders die Position von Erich Honecker als Staatssekretär des ZK und Günther Mittag als Sekretär des ZK für Wirtschaftsfragen zu nennen. Der faktische Einfluss der SED-Führung auf die Wirtschaftspolitik erstreckt sich über die staatliche Ebene hinaus auf Bezirks-, Kreis- und Kombinats- beziehungsweise Betriebsebene. Die SED-Führung war für die Gestaltung des Wirtschaftsprozesses verantwortlich. Grundlage hierfür waren Parteibeschlüsse und Direktiven aus den einzelnen Parteigliederungen. Grundsätzlich hatte die Partei in Wirtschaftsfragen das letzte Wort. Dem Politbüro nachgeordnet waren die wirtschaftsleitenden *Ministerien* (11 Industrieministerien, 8 Ministerien für spezielle Wirtschaftsbereiche), denen die Anleitung und Kontrolle der einzelnen Kombinate beziehungsweise Betriebe oblag. Daneben existierten Ministerien mit Querschnittfunktionen (Mf Finanzen, Mf Materialwirtschaft, Mf Wissenschaft und Technik, …), die über nachgeordnete Organe auf Bezirks- und Kreisebene verfügten.

Auch die *Staatliche Plankommission (SPK)* ist als eine wirtschaftsfunktionale Institution zu verstehen, die sich in Bezirks- und Kreisplankommission untergliedert. Ihre Aufgabe war es, die Wirtschaft zu planen, zu leiten und zu kontrollieren. Den Einfluss auf die Wirtschaftsplanung sicherte sich die SED-Führung durch die Besetzung des Vorsitzenden der SPK mit einem Mitglied des Politbüros. Dieser führte die SPK nach dem *Prinzip der Einzelleitung*. Weiterhin war der Vorsitzende der SPK der Partei zur ständigen Rechenschaft verpflichtet. Den einzelnen wirtschaftsleitenden Ministerien waren zumeist die jeweiligen Kombinate aber auch einzelne Betriebe zugeordnet. Zum Teil waren Kombinate auch Bezirkswirtschaftsräten unterstellt. Deren Anteil machte 1985 allerdings nur sieben Prozent der Kombinatsbeschäftigten in der Industrie aus. Insgesamt waren 1981 99 Prozent der industriell Beschäftigten in 133 Kombinaten tätig. Da auch Kombinate dem Prinzip der Einzelleitung folgten, bleibt der *Generaldirektor* eines Kombinates als eine politisch einflussreiche Person zu nennen. Diesen Einfluss konnte er über informelle Kontakte zu Mitgliedern des ZK ausspielen. Aber auch Kontakte zu den SED-Bezirksleitungen waren für die Umsetzung zentraler Beschlüsse im Rahmen der Wirtschaftsplanung von großer Bedeutung. Auf dieser Kommunikationsebene wurde weiterhin die Kaderauswahl und Kaderschulung gelenkt. Kontakte zu den Räten der Städte, Kreise und Bezirke waren für die Aushandlung langfristiger Kommunalverträge von Bedeutung. In diesen Verträgen wurde unter anderem die Versorgung der Belegschaft mit sozialen Leistungen und die Anwerbung von Arbeitskräften geregelt. Der Generaldirektor, der zumeist auch Betriebsleiter des Stammbetriebes war, verfügte seit der Kombinatsreform von 1979/89 über staatliche beziehungsweise „industrieministeriale Kompetenzen". Die folge dieser Dezentralisierung staatlicher Leitungsfunktion war eine Doppelrolle des Generaldirektor als staatlicher Leiter und „sozialistischer Manager" (Schroeder 1998: 492).

Die Volkseigenen Betriebe, die auf horizontaler Ebene zu Kombinaten zusammengeschlossen waren, wurden ebenfalls nach dem Prinzip der Einzelleitung vom *Betriebsleiter* geführt. Dieser besaß volle Weisungsbefugnisse, auch über andere Fachdirektoren, sowie volle Entscheidungskompetenz und Verantwortlichkeit für die Erfüllung der gestellten Planauflagen. Je nach Größe eines Betriebes war dieser in verschiedenste Fachabteilungen untergliedert, die durch Fachdirektoren geführt wurden. Dem Betriebsdirektor oblag es, gewisse Kompetenzen auf die einzelnen Fachdirektoren zu delegieren, wobei er seine Alleinverantwortlichkeit behielt. Der Betriebsdirektor, zumeist SED-Funktionär, rekrutierte sich vornehmlich aus der Betriebsparteileitung (BPL). In der Anfangszeit wurden die VEB's aber oft noch von jenen Unternehmern und Managern geleitet, welche die Überführung ihrer Unternehmen ins „Volkseigentum" begleitet hatten. Neben der BPL, der Betriebsgewerkschaftsleitung (BGL) und der betriebsinternen Planungsinstanz ist der Betriebsdirektor der wichtigste Betriebsangehörige bei der jährlichen „Plandiskussion", die mit der Zeit immer mehr zu einem bürokratischen „Planungspoker" verkam. Die Spielräume für den Betriebsdirektor waren durch die von oben kommenden Planaufgaben stark eingeschränkt. Die wichtigste Kompetenz des Betriebsdirektor zeichnete darin aus, möglichst „weiche" und leicht zu realisierende Pläne für seinen Betriebe auszuhandeln.

Die bereits erwähnte Betriebsparteiorganisation (BPO) beziehungsweise Betriebsparteileitung (BPL) war der unterste Befehlsempfänger der SED-Führung auf Betriebsebene. Die BPO war den jeweiligen Kreisverbänden direkt unterstellt. Vorsitzender der BPO war ein Parteisekretär der SED, der häufig aus der Kreisleitung kam. Die Aufgaben der BPO lagen in der Kontrolle der Betriebsleitung, der Anleitung und Kontrolle der BGO – dies geschah auf administrativen Wege aber auch durch eine Personalunion von BPO und BGO –, die Anleitung und Kontrolle im Bereich der Arbeitsmobilisierung und der ideologischen Erziehung. Damit einher ging eine umfassende Verhaltenskontrolle der Betriebsbelegschaft. Diese konzentrierte sich allerdings eher auf die Angestellten der unteren und oberen Leitungsebenen, da unter den Angestellten, gegenüber den Produktionsarbeitern, ein wesentlich größerer Teil Mitglied in der SED war. Ja, die SED war vorrangig eine „Verwaltungs- und Angestelltenpartei und wurde als solche von den Produktionsarbeitern auch wahrgenommen" (Hürtgen 2006: 233)

Die *Betriebsgewerkschaftsorganisation (BGO)* war weder eine unabhängige Interessenvertretung der Belegschaft, noch war sie die betriebliche Wurzel der FDGB, wie der Begriff „Gewerkschaft" eventuell suggerieren könnte. Vielmehr war sie der unterste Befehlsempfänger des zentralistisch geführten FDGB-Apparates. Die Hauptaufgabe der BGO bestand in der Betreuung des Sozialversicherungsnetzes und

Einfluss konnte sie fast ausschließlich über die Verteilung von Ferienplätzen ausüben. Bei der Verabschiedung und Umsetzung des Betriebskollektivvertrages (BKV) (siehe Kapitel „soziale Versorgungs- und Dienstleistungsfunktion") war die BGO zur Kooperation mit der Betriebsleitung verpflichtet. Durch ihre schwachen Befugnisse in den Betrieben und den fehlenden Rückhalt durch die Belegschaft lässt sich die BGO als höchstens marginaler Kontrahent zur Betriebsleitung identifizieren.

Auf der Hierarchieleiter niedriger verortetes Leitungspersonal waren unter anderem technische und kaufmännische Führungskräfte, Verwaltungspersonal, Ingenieure und Normensachbearbeiter. Die *Normensachbearbeiter* waren in die betriebliche Planungsinstanz eingebunden und mit der Kontrolle der zu erfüllenden Planaufgaben beschäftigt. Sie arbeiten auf der untersten Ebene der Staatlichen Plankommission, die mit ihren Untereinheiten parallel zur Kombinats-/Betriebsleitung und zur Parteiführung agierte. Der *Meister* ist auf der untersten Hierarchiestufe angesiedelt und vertritt die Betriebsleitung in seinem Arbeitsbereich. Er setzt in Übereinstimmung mit der Betriebsleitung und in Abstimmung mit der Belegschaft die Brigadeleiter ein. Innerhalb der Leitungshierarchie war Aufstiegschancen eng an eine Parteimitgliedschaft in der SED und andere Loyalitätsbekundungen gekoppelt. So waren bereits Mitte der 70er Jahre rund 90 Prozent der oberen Leitungsebene der Wirtschaft auch Mitglied in der SED. Diese Kluft zwischen Parteigenossen und nicht in der Partei organisierten Angestellten prägte den Arbeitsalltag in der Leitungsebene. So waren Parteimitglieder meist besser informiert über aktuelle Veränderungen. Auch die mangelnde fachliche Kompetenz der Funktionäre in höheren Leitungsebenen weitet den Graben zu den niederrangigeren Ingenieuren und technisch/kaufmännischen Fachpersonal. Ein Beleg für diese Kluft ist, dass zwischen Parteigenossen und nicht-Parteimitgliedern in Betrieben kaum private Beziehungen bestanden (Vgl.: Hürtgen 2006: 231).

Der *Brigadeleiter* und die *Brigade* sind nach sowjetischem Vorbild ideologisch motivierte Konstrukte im Betriebsgefüge. Der Brigadeleiter trägt eine Vermittlerfunktion zwischen Produktionsarbeitern und Betriebsleitung beziehungsweise Meister. Seine Befugnisse liegen in der Arbeits- und Prämienverteilung unter den Brigademitgliedern. Zum Teil wurde dem Brigadeleiter auch die Lohnfestlegung übertragen. Dies bezieht sich aber ausschließlich auf Leistungslöhne. Seine Aufgabe war es, die Arbeit seiner Brigade zu kontrollieren und anzuleiten. Die Bildung von *Brigaden* beruhte auf Freiwilligkeit, wurde aber besonders in der Anfangszeit der DDR durch FDGB-Kampagnen angeregt. Einer Brigade gehörten rund 11 bis 17 Produktionsarbeiter an, die aufgrund der Anforderungen an den Arbeitsprozess im

Betrieb eng zusammenarbeiten. Daher waren die meisten Brigaden auch identisch mit den Gewerkschaftsgruppen, die von einem „Vertrauensmann" (FDGB) betreut wurden. Von der Beliebtheit der Brigaden bei den Industriearbeiten zeugen die hohen Organisationsgrade von circa 50 Prozent 1970 und 84 Prozent 1988. Der Brigadeleiter war ebenfalls ein Produktionsarbeiter der jeweiligen Brigade. Die von der SED-Führung gestellten Erwartungen an die Brigadebildung betrafen einerseits die Arbeitsmobilisierung - also die Motivierung der Belegschaft für die Erfüllung der Planaufgaben -, andererseits bestand auch der Anspruch, die Brigade solle ihre Mitglieder zu neuem sozialistischen Bewusstsein erziehen. Hierzu wurden auch Familienangehörige der Brigademitglieder in die Freizeitaktivitäten der Brigade einbezogen. Die „Arbeitsmobilisierung" und die Erziehung der Belegschaft zu „sozialistischen Bewusstsein" verlor mit der Zeit allerdings an Bedeutung. Die tatsächliche Bedeutung der Brigaden für die Produktionsarbeiter unterschied sich wesentlich von den Ansprüchen von SED und FDGB. Im Rahmen des „sozialistischen Wettbewerbes" bestand die Aussicht auf Prämienzahlung. Hier half die Organisation in Brigaden Produktionsreserven zu verschleiern, womit die Reserven für eine Übererfüllung der Planaufgaben gesteigert werden konnten. Dies bestimmte am Ende die Prämienhöhe der Brigade und der einzelnen Arbeiter. Der Anteil der Brigaden die Geldprämien erhalten haben, stieg von rund 50 Prozent im Jahr 1973 auf 85 Prozent im Jahr 1988. Diese könnte eine sukzessives „aufweichen" der Normen widerspiegeln. Weiterhin war der Raum der Brigade ein bevorzugter Ort, um knappe Güter zu beziehen oder zu tauschen. Bei der Verteilung knapper Waren wurden die in Brigaden organisierten Produktionsarbeiter den nicht-organisierten Arbeitern bevorzugt. Im engen sozialen Netz der Brigade bestand unter der Belegschaft eine Vertrautheit, die es möglich machte, über alltägliche Probleme offen zu reden. Des weiteren fanden im Rahmen der Brigade regelmäßige Freizeitaktivitäten statt. Von großer Bedeutung war aber auch die Wirkung der Brigade beziehungsweise des Brigadeleiters hinsichtlich der Interessenvertretung und Konfliktregelung. Diese das System stabilisierende Komponente führte dazu, dass Konflikte im Betrieb geregelt wurden und nicht nach außen in die Öffentlichkeit drangen. Somit war die Brigadeorganisation auch ein Ausgleich – wenn auch ein Schwacher – für eine fehlende institutionalisierte Interessenvermittlung. Weiterhin konnte diese *Kollektivbildung* die Verhandlungsmacht des Einzelnen gegenüber Partei, Gewerkschaft und Betriebsleitung stärken. Wenn einzelne Brigaden wichtige, zentrale oder besonders schwere Aufgaben im Betrieb übernahmen, konnte sich diese Verhandlungsmacht zu einem „Drohpotential" ausweiten, besonders dann, wenn beim Weggehen der Arbeitskräfte zu befürchten war, keinen Ersatz für deren Stellen zu finden.

3. Funktionen von Volkseigenen Betrieben

Bereits Eingangs hatte ich auf die gesellschaftlichen Mehrfachfunktionen von Volkseigenen Betrieben hingewiesen. Diese gilt es hier im Detail unter dem Aspekt der „Wirkung" zu beleuchten.

Die *ökonomische Funktion* verweist auf Betriebe als Ort der Produktion und der Erwerbsarbeit. Um die ökonomische Funktion beziehungsweise das ökonomische Funktionieren von VEB's zu charakterisieren, muss dies immer vor dem Hintergrund gesehen werden, dass Betriebe als kleinste produzierende Einheiten in ein zentral geplantes Wirtschaftsgefüge eingebunden sind, welches wenig mit marktwirtschaftlichen Prinzipien gemein hat. Gebräuchliche Begriffe wie „Mangelwirtschaft" verweisen auf die vielen Probleme, die beim Versuch auftreten, eine Wirtschaft zentral zu lenken und zu planen, in der viele Einheiten über dezentral verteiltes, funktionales Wissen verfügen, welches bei seiner Zentralisierung auf bloße Mengenangaben reduziert wird. Allerdings müssen die hier aufgeführten Charakteristika vor dem *Idealtypus* einer zentralen Planwirtschaft – der Ökonomie des Planens – gesehen werden, auch wenn es diese wahrscheinlich nie gab und geben wird.

Meist waren es politisch oder sozialpolitisch motivierte Eingriffe der Parteiführung in bereits im Vollzug befindliche, rational gerechtfertigte Pläne. Dies führte dazu, dass Betriebe dazu tendierten, möglichst hohe Produktionsreserven einzuplanen. Diese *Entökonomisierung des wirtschaftlichen Handelns* drückt sich auch darin aus, dass Plandiskussionen, die auf allen Ebenen der wirtschaftlichen Koordinierung stattfanden, immer mehr zu einer bürokratischen Farce verkamen. Die Wirtschaft der DDR verfügte über eine geschätzte *Arbeitsproduktivität*, die 1989 etwa 16 bis 20 Prozents der westdeutschen Arbeitsproduktivität entsprach. Damit einher ging ein *chronischer Arbeitskräftemangel*, der durch die Vollbeschäftigungspolitik noch verschärft wurde. Denn wo es keine Arbeitslosen gibt, da gibt es auch keinen Arbeitsmarkt. Arbeitskräfte konnten nur unter großem materiellen Aufwand angeworben beziehungsweise anderen Betrieben abgeworben werden. Diese führte auch dazu, dass Arbeitskräfte in Betrieben gehortet wurden. Wenn zum Beispiel eine kurzfristige Änderung der Planauflagen erfolgte, mussten Betriebe darauf reagieren können, denn bei nicht Erfüllung drohten Sanktionen. So waren 1990 circa 1,4 Millionen Stellen besetzt – das entspricht rund 15 Prozent aller Beschäftigten –, die aus betriebswirtschaftlicher Sicht nicht gebraucht wurden beziehungsweise deplatziert waren. Mit dem *„Recht auf Arbeit"* und der Arbeitsplatzgarantie, die Entlassungen fast unmöglich machten und die informelle Machtposition der Belegschaft gegenüber der betrieblichen Leitung stärkte, ging auch eine *Pflicht zur Arbeit* einher. Eine Kriminalisierung erfuhr das „Recht auf Arbeit" durch §249 der DDR-Verfassung, welches die „Arbeitsscheu [vor] einer geregelten Arbeit" mit Strafen belegte, die bis hin zum Freiheitsentzug reichten. Aufgrund der vielen strukturellen Probleme des Wirtschaftssystems war ein verbreitetes Phänomen die *Arbeitslosigkeit am Arbeitsplatz*. Zwangsläufiges Nichtstun aufgrund von Materialmangel (Rohstoffe, Baumaterial, Zwischenprodukte, ...), Maschinenstillstand – eine Folge der *rückläufigen Investitionstätigkeit* und der unzureichenden Modernisierungsmaßnahmen – und personeller Überbesetzung der Arbeitsstellen waren weit verbreitet und für Viele erfahrbare Realität. Als Folge dieser offensichtlichen wirtschaftlichen Mängel, und auch sicher als Ausweg aus dem Mangel, boomte in der DDR die *Schattenwirtschaft*. Schwarzarbeit und Schwarzmarkthandel waren ebenso verbreitet wie Tauschgeschäfte und Bestechung auf allen betrieblichen und gesamtwirtschaftlichen Ebenen. Damit war es möglich, die offiziellen, langwierigen und trägen Bezugswege zu umgehen oder eine Bevorzugung zu erzielen.

Die nächste Funktion von Betrieben – die *Sozialisationsfunktion* – habe ich in eine *harte* und eine *weiche* Sozialisation unterteilt. Zur harten Sozialisation sind jene parteipolitischen Maßnahmen zu zählen, die Ausdruck der totalen Politisierung und Ideologisierung sind, welche die DDR-Gesellschaft durch die SED- Führung erfuhr. Hierzu gehören politische Schulungen, wie zum Beispiel die "Schule der sozialistischen Arbeit" die auf Gewerkschafts- beziehungsweise Brigadegruppenebene stattfand. Auch betriebliche FDJ-, Gewerkschafts- und Parteiveranstaltungen sind hierzu zu zählen. Weiterhin erfuhren die Belegschaften eine umfassende Überwachung durch die „Sicherheitsbeauftragten" im Zuge der „Sicherheitsinspektionen". Eine Kontrolle und Überwachung der Betriebsbelegschaft erfolgte aber auch über die Vielzahl von Kollektiven (Arbeits-, Freizeit- und sonstige Kollektive), die zum Teil auch bis ins Private hinein reichten. Diese allgegenwärtige Anleitung, Ideologisierung und Überwachung bewirkte allerdings eher, wie bereits beschrieben, eine Distanzierung zwischen Parteigenossen und nicht in Parteien organisierten Betriebsmitarbeitern.

Allgemeiner gesagt, stellte sich eine verstärkte Abgrenzung zwischen lebensweltlichen Milieus der Gesellschaft und dem System ein. Diese Grenze musste nicht zwangsläufig zwischen Lebenswelt- und Arbeitswelt verlaufen. Das die Arbeitswelt nicht alleinig dem System zuzurechnen ist, wird im nächsten Absatz zur „weichen Sozialisation" noch präziser Erläutert. Die berechtigte Skepsis gegenüber dem was die SED-Führung propagierte, konnte meist nur im privaten oder vertrauten Umfeld geäußert werden. Besonders demotivierend wirkte die Propaganda, weil sie immer deutlicher an der erlebten Realität vorbei ging und keine Aussicht auf Verbesserung bestand. In der Folge kann festgehalten werden, dass diese harte Sozialisation *in der Breite* versagt hat.

Das was ich hier unter weicher Sozialisation verstehen möchte, resultiert nicht wie die harte Sozialisation aus Propaganda und sozialistischer Erziehung. Die strukturellen Merkmale und Probleme des planwirtschaftlichen System stellen *einerseits* andere Voraussetzungen an die Arbeitskraft als an den Mitarbeiter in einem nach marktwirtschaftlichen Prinzipien geführten „Unternehmen". Andererseits bestimmen diese vorgegeben Strukturen auch das Verständnis von Arbeit und die Integration des Einzelnen in die Arbeitswelt. Im einzelnen werden nun einige *Phänomene der Arbeitswelt* auf ihre systemimmanenten Ursachen zurückgeführt.

Produktionsarbeiter in einem VEB verfügten gegenüber der unteren und oberen Leitungshierarchie über mehr Macht, als dies dieses hierarchische Wirtschaftsgefüge vermuten lassen würde. Die Ursachen liegen unter anderem in der bereits beschriebenen Kollektivbildung, der Vollbeschäftigungspolitik und in der Arbeitsplatzgarantie. Im Gegenzug blieben der betrieblichen Leitung lediglich defensive Machtmittel oder positive Anreizmittel, um die Belegschaft am Arbeitsort zu halten und zu motivieren. Weiterhin war die Leitung auf die Bereitschaft der Produktionsarbeiter angewiesen, ihre Erfahrungen im Umgang mit dem *Planungschaos* einzubringen, um trotz der eklatanten Störungen den Produktionsprozess aufrecht zu erhalten und die Planauflagen zu erfüllen. Hier findet sich auch ein Punkt, an dem Lebens- und Arbeitswelt am Arbeitsplatz zusammenführen. Denn mit einer rationalen und lebensweltlichen Handlungsorientierung gingen *Improvisationsgeschick* und *Erfahrung* einher, welche in den Betrieben mehr als fachliche Qualifikationen gebraucht wurden. Ein weiteres Phänomen ist der *einheitliche Lebensentwurf*, der sich in vielen Biographien der DDR-Gesellschaft wiederfinden lässt. Nach der Schule wurde zumeist eine Lehre aufgenommen, womit auch schon die zukünftige Arbeitsstelle gesichert und festgelegt war. Zumeist war der lebenslange Verbleib in ein und dem selben Betrieb keine Seltenheit. Neben Familiengründung und Kindern gab es dann auch zumeist keine größeren Brüche in einer Biographie. Neben der absoluten Sicherheit auf einen Arbeitsplatz, zeichnet sich das nähere Arbeitsumfeld und die Arbeitsatmosphäre durch *Solidarität* und *Vertrautheit* aus. Hier ist besonders der Raum der Kollektive (z.B. Brigaden) zu nennen, wo sich *Kommunikation* stark verdichtet, soziale Nähe entstand und solidarische Beziehungen gelebt wurden. Ursächlich hierfür sind unter anderem die sozialen Tauschbeziehungen, die sich auf allen Ebenen des Wirtschaftssystems ausbreiteten und zum Teil den Produktionsprozess durch inoffizielle *Verständigungen* absicherten. Götz Richter bezeichnet diese Form der Erwerbsarbeit als „Beziehungsarbeit" (Richter 1999: 230). Mit den notwendigen Verständigungsprozessen trat auch eine lebensweltliche und rationale Handlungsorientierung in die Arbeitswelt ein, welche die politische Determinierung des Betriebsgeschehens ausbalancieren musste. Weiterhin konnten viele der im betrieblichen Rahmen geknüpften Sozialbeziehungen positiv in den Alltag integriert werden. Auch die Distanz zwischen den einzelnen Hierarchieebenen war eher gering (z.B. Produktionsarbeiter und Meister/ Brigadier; untere Leitungsebene und Betriebsleitung) und trug zur sozialen Nähe bei. Generell zeichnet sich der Arbeitsalltag sowohl eines Produktionsarbeiters als auch eines Leitungsangestellten durch einen ständigen Zwiespalt zwischen Fremdbestimmung und der Möglichkeit aus, sich individuelle Handlungsspielräume zu eröffnen und zu nutzen. Ob sich aus diesen Phänomen so etwas wie eine *Arbeitsmentalität* ableiten lässt, hängt vom Begriff der Mentalität selbst ab und soll hier nicht weiter untersucht werden. Vielmehr sind solche Phänomene als pragmatische (Not-) Lösungen vor dem Hintergrund struktureller Defizite zu verstehen.

Die dritte Funktion, die den Volkseigenen Betrieben aufgebürdet wurde, betrifft die *soziale Versorgung* und die Bereitstellung s*ozialer Dienstleistungen* für die Belegschaft. Der Umfang dieser Leistungen wurde im Betriebskollektivvertrag (BKV) festgehalten. Dieser wurde jährlich zwischen Betriebsleitung, BGL und BPL ausgehandelt. Nachfolgend ein paar Beispiele für solche Leistungen:

- Pausenversorgung
- betriebliches Gesundheitswesen (medizinische Überwachung der Angestellten, Vorsorgeuntersuchung, Sanitätshilfe, Überwachung von Sicherheits- und Arbeitsschutzbestimmungen, Frauenruheräume, Bäder, Sport- und Gymnastikräume)
- Betriebskindergärten und -krippen
- Bibliotheken

- Wohnungsvergabe
- Förderung von: Freizeitgruppen, beruflicher Weiterbildung, Kultur, u.a.

Finanziert wurden diese Leistungen über Zuschüsse aus den betrieblichen Fonds und über FDGB-Mitgliedsbeiträge. Der BGL oblag es, die laufende Umsetzung der getroffenen Vereinbarungen zu kontrollieren. Um solche *Leistungen-Pakete* auch wirklich der Belegschaft zur Verfügung stellen zu können, waren meist langjährige Verträge mit den jeweiligen Kommunen notwendig. Diese konnten bereits eine gewisse Infra- und Sozialstruktur zur Verfügung stellen, die durch formelle und *informelle* Vereinbarungen für die Belegschaft zugänglich gemacht wurden. So erklärt es sich auch, dass Umfang und Art der Leistungen die im BKV vereinbart wurden, in den einzelnen Kombinaten und Betrieben variierte. Diese Abhängigkeit von vorhandenen regionalen Strukturen konnte im Umkehrschluss bedeuten, dass große Betriebe oder Kombinate mit großen Fonds das kommunale Leben dominieren konnten. Oft entwickelten sich auch *Tauchgeschäfte* zwischen Betrieben und Kommunen, die nicht im Sinne der SED-Führung waren, sondern, wie bereits beschrieben, als pragmatische Antwort auf die Probleme zu verstehen sind, die das zentral gelenkte Planungssystem mit sich führte. Zum Teil waren soziale Dienstleistungen selbst Mangelgüter (z.B. Ferienplätze des FDGB) und die Verteilung unter der Belegschaft konnte durch *gute Beziehungen nach oben* beeinflusst werden. Besonders Angehörige der Leitungshierarchie – die eine gewisse Nähe zur Betriebsleitung hatten und zum Teil selbst mit der Verteilung beauftragt waren – hatten hier einen Vorteil. Auch die Bedeutung eines Betriebes in der Gesamtwirtschaft entschied darüber, welche Leistungen diesem Betrieb zugestanden wurden. Generell zeichnet sich die Sozialpolitik der SED durch ihre *Betriebszentriertheit* aus, da alle sozialen Versicherungsleistungen über die Betriebe und die Gewerkschaften (BGL) abgewickelt wurden. Auch die politische Arbeit der SED, die Wohlfahrtsfürsorge der Volkssolidarität und die Arbeit der FDGB konzentrierten sich in der DDR auf die Betriebe und nicht auf die Kommunen. Somit wollte man den betrieblichen Ablauf und den Produktionsprozess absichern und stetig verbessern.

4. Fazit

Zum Abschluss möchte ich noch den Bezug zu meiner Eingangs aufgestellten Arbeitshypothese herstellen, diese zu beantworten versuchen und somit auch eine kurze

Zusammenfassung liefern.

Einen Betrieb im Ganzen als Autorität zu bezeichnen, fällt relativ schwer, da Betriebe stark ausdifferenzierte Strukturen und eine Vielzahl von Akteuren beherbergen. Dies macht eine Differenzierung der Autoritätszuschreibung notwendig. Waren Volkseigene Betriebe also hinsichtlich ihrer Funktionen eine gesellschaftliche Autorität?

Das Wirtschaftssystem der zentralen Planung und Steuerung wies eine Reihe von strukturellen Schwächen auf, die ihren Ausdruck in negativ konnotierten Begriffen wie *Mangelwirtschaft* und *Planungschaos* finden. Den Wirtschaftsplan – der in seiner Steuerbarkeit irgendwo zwischen *Befehl und Fiktion* zu verorten ist – durch andere Bezugswege zu umgehen, entwickelte sich in der DDR zu einem essentiellen Volkssport. Schwarzhandel, Schwarzarbeit, Bestechung, Tauschgeschäfte und Beziehungen waren gängige Mittel für Beschaffung, Bevorzugung und Beschleunigung im Wirtschaftsgefüge. Das diese Methoden, man müsste sagen, den Status des *Gewohnheitsrecht* erlangten, wirkte sich dazu noch stabilisierend auf das von der SED dominierte wirtschaftliche und politische System aus. Generell wurde der DDR-Wirtschaft hinsichtlich ihrer ökonomischen *Versorgungsleistung* nicht viel zugetraut. Dies deutet auf eine eher *schlechte gesellschaftliche Reputation* hin und diese strahlt auch auf die Betriebe aus, die als kleinste, produzierende Einheiten Teil dieses Systems waren.

Ich hatte bereits auf das weitgehende scheitern der *harten Sozialisation* hingewiesen und eine gesellschaftliche Kluft gegenüber Staat beziehungsweise Partei angedeutet. Auch der Rückzug weiter Teile der Gesellschaft in *das Private*, was in der Literatur als Nischenbildung bezeichnet wird, ist Ausdruck dieser Distanznahme gegenüber der politischen Führung und gegenüber allem, was den erziehenden Instrumenten der Partei zuzurechnen war. Im Lichte des präpolitischen Autoritätsbegriffes von Hannah Arendt wäre demnach die SED als der sozialistische Erzieher keine Autorität und somit auch nicht zum Erziehen befähigt, denn was ihr fehlte, war die Anerkennung durch große Teile der Gesellschaft als Vertreter der gemeinsam geteilten Welt. Viele Menschen hatten wahrscheinlich das Gefühl, dass die propagierte Welt der Partei nur wenig mit ihrer erlebten Realität gemeinsam hatte. Metaphorisch gesprochen, würde hier das Bild vom Politbüro passen, das sich im ideologischen Elfenbeinturm eingenistet hat und von hier ohne scheinbare Rückbindung an die Außenwelt regiert. Die Frage, wer in diesem System Verantwortung für falsches politisches Handeln übernimmt, muss unbeantwortet bleiben. Nicht ohne Grund wird von einem System der „kollektiven Verantwortungslosigkeit" gesprochen. Auch dies negiert die Rolle der SED als erzieherische Autorität.

Das was ich hier ansatzweise unter *weicher Sozialisation* zusammengefasst hatte (z.b. Arbeitsplatzbedingungen), ist in seinen Ausprägungen diffus und vielschichtig. Es daher einer Autorität oder einer Autoritätsbeziehung zuzuordnen, wäre verfehlt und würde die Komplexität dieser eher latenten Sozialisation zu stark reduzieren.

Hinsichtlich der Versorgung der Betriebsbeschäftigten mit sozialen Leistungen und Dienstleistungen bestand in erster Linie ein einseitiges Abhängigkeitsverhältnis der Belegschaft von betrieblichen Versorgungs- und Verteilungsstrukturen, wobei sich der allgegenwärtige Mangel auch hier immer stärker bemerkbar machte. Von einer autoritativen Beziehung könnte gesprochen werden, wenn die Belegschaft auf der einen Seite das betriebliche Versorgungsnetz als *Anerkennung* ihrer erbrachten Leistungen verstanden hätte. Dies kann vielleicht für die anfänglichen Jahre der DDR konstatiert werden, als soziale Absicherungsmechanismen noch eine *Errungenschaft* waren, die konkreten Akteuren (Partei, Gewerkschaft, ...) zu verdanken waren. Dass solche Errungenschaften sich aber schnell zur notwendigen Gewohnheit im Alltagsleben entwickeln, ist nur verständlich. Auch heute noch ist es eine der schwersten politischen Aufgaben, Kürzungen im Sozialsystem durchzusetzen. Diese ist meist nur gegen großen gesellschaftlichen Protest zu verwirklichen. Die gewohnheitsmäßige Inanspruchnahme von sozialen Leistungen kann diese betriebliche Funktion einer Autoritätsbeziehung entheben, indem Kategorien wie *Anerkennung* und *Achtung* gar nicht erst berührt werden.

5. Quellenverzeichnis

Bauerkämper, Arnd, 2005: Die Sozialgeschichte der DDR. München

Fritze, Lothar, 1993: Panoptikum DDR-Wirtschaft. Machtverhältnisse, Organisationsstrukturen, Funktionsmechanismen. München

Heydemann, Günther, 2003: Die Innenpolitik der DDR. München

Hübner, Peter, 1994: Die Zukunft war gestern. Soziale und mentale Trends in der DDR-Industriearbeiterschaft, in: Kaelble, Hartmut/Kocka, Jürgen: Sozialgeschichte der DDR. Stuttgart, S. 171-186

Hürtgen, Renate, 2006: Angestellte im DDR-Industriebetrieb und ihr Verhältnis zu den Arbeitern. in: Deutschland-Archiv 39 (2), Berlin, S. 225-236

Lüdtke, Alf, 1994: "Helden der Arbeit" – Mühen beim Arbeiten. Zur mißmutigen Loyalität von Industriearbeitern in der DDR, in: Kaelble, Hartmut/Kocka, Jürgen: Sozialgeschichte der DDR. Stuttgart, S. 188-215

Paris, Rainer, 2003: Autorität. Führung. Elite. Eine Abgrenzung, in: Hradil, Stefan/Imbusch, Peter (Hrsg.): Oberschichten, Eliten, herrschende Klassen. Opladen, S. 55-72

Richter, Götz, 1999: Soziale Bindungen zwischen System und Lebenswelt. Solidarische Intergration im VEB in der DDR. Konstanz

Roesler, Jörg, 1994: Die Produktionsbrigaden in der Industrie der DDR. Zentrum der Arbeitswelt?, in: Kaelble, Hartmut/Kocka, Jürgen: Sozialgeschichte der DDR. Stuttgart, S. 144-170

Roesler, Jörg, 2002: Die Wirtschaft der DDR. Erfurt

Schmidt, Rainer, 2006: Macht, Autorität und Charisma. Deutungsmacht in Max Webers Herrschaftssoziologie, in: Vorländer, Hans (Hrsg.): Die Deutungsmacht der Verfassungsgerichtsbarkeit. Wiesbaden, S. 37-55

Schroeder, Klaus, 1998: Der SED-Staat. Geschichte und Strukturen der DDR. München

Schulze Wessel, Julia, 2006: Über Autorität, in: Vorländer, Hans (Hrsg.): Die Deutungsmacht der Verfassungsgerichtsbarkeit. Wiesbaden, S. 57-65

Wilczek, Anette, 2004: Einkommen – Karriere – Versorgung. Das DDR-Kombinat und die Lebenslage seiner Beschäftigten. Berlin